8

L K 218.

OBSERVATIONS

SUR LA

COLONISATION D'ALGER.

OBSERVATIONS

PRÉSENTÉES

A

LA CHAMBRE DE COMMERCE DE MARSEILLE,

sur sa demande,

POUR SERVIR AU MÉMOIRE QU'ELLE DOIT ADRESSER

A LA

Commission d'Enquête

SUR LA

COLONIE D'ALGER.

MARSEILLE,

IMPRIMERIE DE MARIUS OLIVE,

RUE LATÉRALE DU COURS, n° 4.

1833.

OBSERVATIONS

PRÉSENTÉES

A LA

CHAMBRE DE COMMERCE DE MARSEILLE,

SUR LA DEMANDE QU'ELLE EN A FAITE

AU SUJET

DE LA

Colonisation d'Alger.

----o0o----

On ne peut se dissimuler que la marche indécise et timide suivie par le gouvernement français au sujet de la possession d'Alger, est la principale, pour ne pas dire la seule cause qui a retardé jusques à ce jour les développemens dont cette colonie paraît susceptible; la confiance et la sécurité pourront seules y attirer les capitaux nécessaires pour son amélioration. Il est donc tout-à-fait indispensable de ne laisser échapper aucune occasion de faire connaître au gouvernement cette incontestable vérité; ce serait le tromper que de se taire sur une question qui forme la base de tout ce qu'on peut dire sur Alger. Il appartient surtout aux chambres de commerce et à toutes les commissions indépendantes de bien faire connaître au gouvernement que de ce premier point dépend la prospérité de la colonie; il faut que nulle arrière-pensée ne puisse rester sur ses intentions à ce sujet, et qu'il s'efforce de détruire par une marche franche, loyale et décisive, tous les soupçons et toutes les craintes qui ont jusqu'à ce jour entravé les efforts d'un grand nombre de Français jaloux de coopérer à la colonisation. Il est d'autant plus essentiel de proclamer hautement et de prouver par des actes la résolution de garder et de coloniser notre conquête, que non seulement alors les capitaux et les colons français y afflueront, mais encore que les naturels du pays, Maures, Arabes, Juifs, etc., dont une partie est bien disposée en notre faveur, n'hésiteront plus à se prononcer; mais tant qu'il y aura incertitude, ils craindront de se montrer partisans de la France : car, après une telle manifestation, ils seraient perdus sans ressource si le pays venait à être évacué.

Les avantages que la France doit retirer de la colonisation d'Alger sont depuis long-temps connus et appréciés; il serait trop long de les énumérer ici. Jamais métropole n'a possédé à une aussi faible distance de son territoire continental une colonie aussi vaste, aussi productive et aussi salubre; jamais occasion aussi belle ne s'est présentée pour indemniser la France de la perte de ses anciennes possessions d'outre-mer. Le gouvernement doit d'autant moins reculer devant les dépenses nécessaires pour cette occupation et pour les premiers frais d'établissement, qu'il s'agit d'un champ vaste et fertile qui lui rendra bientôt au centuple les dépenses qu'il y aura faites. Ces dépenses d'ailleurs, si elles sont bien entendues, seront loin d'être excessives pour une grande nation comme la nôtre, eu égard surtout à l'importance de l'objet; en dé-

falquant du montant total de la dépense l'entretien et la solde
de l'armée d'occupation, qu'après tout il faudrait bien faire
figurer au budget si elle restait en France, et en déduisant
de l'excédant les quinze à dix-huit cent mille francs que la
colonie rapporte dans son chétif état actuel, les sacrifices imposés au trésor seront bien peu de chose. D'ailleurs, comme
on l'a fort justement observé, il ne faut guère plus de
dépenses pour coloniser en occupant que pour occuper sans
coloniser.

La mission confiée à la commission d'enquête désignée par
le gouvernement est éminemment nationale ; les regards
de la France, de l'Europe même, sont fixés sur ses opéra-
tions. Le rapport est impatiemment attendu ; espérons qu'il
répondra à nos désirs et enlèvera au ministère tout nouveau
motif d'hésitation. Marseille, plus qu'aucune autre ville de
France, doit s'y intéresser vivement : c'est une question vitale
et palpitante d'intérêt pour son commerce, son industrie et
pour les débouchés de ses produits agricoles ; car nos propriétaires de vignobles ne doivent pas ignorer que sans les
nombreuses expéditions de vins qui ont eu lieu pour Alger, ce
produit serait maintenant sans aucune valeur ; Alger a con-
sommé à lui seul plus que toutes les autres colonies ensemble.
Cependant cette question est tout aussi populaire dans le
nord que dans le midi ; on y manifeste même son opinion à
ce sujet avec plus d'énergie, et je regrette de voir mes com-
patriotes rester en arrière alors que leur intérêt devrait
les mettre au premier rang. Il n'est pas toujours sage de se
fier exclusivement à la bonté et à la justice de sa cause, il
faut encore la plaider avec courage, persévérance et énergie.
De toutes parts des associations se forment pour s'entendre et
s'aider mutuellement dans le soutien des intérêts de la nouvelle colonie ; je suis étonné de ne pas voir à Marseille un
comité, qui serait si utile pour servir d'intermédiaire entre

ceux d'Alger et de Paris : je désire qu'il se forme promptement, et j'y invite mes concitoyens.

La création d'une commission d'enquête a jeté l'épouvante au premier abord; cette mesure semblait remettre en cause l'existence de la colonie. Toutes les nouvelles reçues d'Alger, dans ce temps, annonçaient un découragement complet; on a poussé la crainte jusqu'à cesser de faire des semailles dont on ne se croyait pas sûr de lever les récoltes. En effet, il paraissait étrange que, depuis trois années qu'on entretenait en ce pays des gouverneurs militaires, des administrateurs civils, des ingénieurs, enfin des employés de toutes classes qui avaient dû transmettre au gouvernement des rapports et des renseignemens sans nombre, celui-ci ne sût pas encore précisément à quoi s'en tenir sur la situation et les ressources de cette possession. Nous avons eu besoin de voir et de connaître quelques-uns des membres de la commission pour effacer ces appréhensions fâcheuses; nous sommes convaincus maintenant que ce serait faire injure à leur honneur et à leur patriotisme, que de penser un instant que rien de contraire à la colonisation d'Alger puisse sortir de leur enquête. Pénétrés de leur importante mission, MM. les commissaires répondront sans aucun doute à la vive attente de leurs concitoyens; ils n'ignorent pas que parler aujourd'hui de la cession ou de l'abandon de notre intéressante colonie serait se dépopulariser, se déshonorer, se faire lapider en retournant en France. Ce n'est donc point là ce qu'on doit craindre, ces messieurs sont sans contredit de très bonne foi; mais je crains bien, puisqu'il faut dire toute ma pensée, que le ministère ne les joue comme il a joué le maréchal Clausel et comme il nous joue tous sur cette question. Le ministère cherche à gagner du temps; il a voulu se donner un motif de continuer ses tergiversations à ce sujet. Je crains que la commission, avec tout le zèle et toute la droiture possibles, fasse bien peu de chose;

on l'égarera dans les paperasses, dans les chiffres, on fera traîner ses travaux en longueur, les ministres renverront toutes les interpellations à cette commission, et on restera dans le *statu-quo*. Voilà ce qui est à craindre et ce qu'on doit empêcher, en forçant le gouvernement à se prononcer sur la question politique qui est la base de cette affaire et qui domine toutes les autres considérations.

Je pense qu'après avoir reconnu que le point essentiel pour la réussite de la colonisation est de bien convaincre toute la France et même toute l'Europe que la possession d'Alger est définitive et irrévocable, la commission d'enquête reconnaîtra aussi que la mesure la plus essentielle doit être d'accorder une protection efficace, juste et impartiale à tous les colons. Il est urgent de faire disparaître ce gouvernement du sabre, inévitable dans le premier moment d'une conquête, mais qui plus tard devient intolérable pour des colons, négocians ou propriétaires, qui n'ont pas cru en quittant la France avoir perdu leurs droits civils et passer sous un régime digne des anciens deys. Il est certain que quand on considère plusieurs actes de l'administration de la colonie, on n'est plus surpris des plaintes multipliées qui s'élèvent contre elle de tous côtés. L'arbitraire y est poussé à son dernier période. Les propriétaires, dans la ville même, ont vu maintes fois leurs maisons envahies et occupées militairement, suivant le caprice de divers chefs, quoique le domaine possède, et au delà, de quoi loger convenablement tous les officiers de l'armée. Si parfois il arrive qu'on daigne traiter du prix de location, il est certain qu'on ne le paie presque jamais. Si ces actes spoliateurs ont lieu dans la ville, sous les yeux des principales autorités, je laisse à juger combien ils sont plus fréquens dans les campagnes. L'armée, disséminée à l'infini, occupe par petits détachemens presque toutes les belles propriétés des environs d'Alger; on est sûr qu'après cette occupation c'est à peu près un capital perdu, grace aux dégâts et aux nombreuses dégradations qui se commettent dans les bâtimens et dans les plantations; il n'est pas rare de voir des arbres précieux, des portes et des jalousies, remplacer le bois à brûler; jugez quel encouragement pour les propriétaires! Je citerai à ce sujet la propriété de M. Choppin, une des plus belles des environs d'Alger, envahie et occupée depuis plusieurs années par un escadron de cavalerie, auquel elle sert gratis de caserne, sans qu'on daigne payer le faible loyer fixé arbitrairement par l'administration, qui d'ailleurs n'indemniserait en aucun cas le propriétaire de la détérioration de cet immeuble. On voulait en faire autant d'une propriété très importante que ma maison de commerce possède dans le voisinage de celle de M. Choppin; mais, grace à l'énergique protestation de notre représentant à Alger, M. Nadaud, nous n'avons pas eu les mêmes dommages à éprouver. L'arbitraire ne respecte pas plus les marchandises que les terres et les maisons : nous avons vu naguères saisir 5oo barriques de vin et les faire jeter à la mer sous prétexte qu'il y avait fraude sur la qualité, et cela sans constater le fait contradictoirement, sans même conserver des échantillons de cette marchandise pour la faire juger en France, et en préférant la perte totale du capital à un séquestre conservateur des droits de tous. Est-il possible d'imaginer un arbitraire plus stupide et plus brutal? L'industrie est traitée à peu près de la même manière que le commerce à Alger; bon nombre d'entreprises naissantes, et qu'on aurait dû encourager, ont succombé sous des taxes ruineuses imposées inopinément, ou sous des formalités gênantes. Par exemple, un colon avait établi sur la route de Mustapha-Pacha un cabriolet-omnibus; aussitôt un droit exorbitant frappe les voitures suspendues : il fallut démonter le cabriolet et le renvoyer à Marseille. Enfin il serait trop long d'énumérer tous les actes arbitraires commis par l'administration qui marche sans règle précise, montre en tout un esprit fiscal au dessus de tout ce qu'on voit en France, et n'a d'autre direction que son caprice : un tel état de choses ruinerait le pays le plus riche, qu'on juge du mal qu'il doit faire dans une colonie naissante.

Le personnel des administrations civiles d'Alger mérite un soigneux examen; on s'est servi de cette colonie dans les ministères comme d'un pis-aller pour satisfaire une partie dès nombreux solliciteurs. Beaucoup d'individus occupent des places dans une administration à laquelle ils étaient tout-à-fait étrangers avant leur arrivée à Alger, et cependant là où tout est à créer, il faut dans chaque branche de service des connais-sances pratiques et spéciales bien plus approfondies que sur le continent où la marche se trouve toute tracée. Le cumul des places est aussi très fréquent à Alger, et enfin il paraît que l'administrateur civil en chef, M. Genty de Bussy, s'est attiré la haine et l'animadversion générale à tel point, qu'il est impossible de voir planer sur un fonctionnaire public un concert plus unanime de malédictions. Il serait trop long d'énumérer ici les reproches qu'on adresse à M. l'intendant, ces reproches sont sans nombre; ils portent sur toutes les parties de son administration, et toutes les classes de la colonie les font entendre à la fois. Ce serait compromettre l'ordre moral et le repos du pays que de ne pas écarter un fonctionnaire qui a contre lui la répugnance ou la haine de tous les colons. Lors même qu'il y aurait exagération dans leurs plaintes, il est impossible qu'un homme si impopulaire puisse faire le bien dans ce pays.

Lorsqu'on sera sans arrière-pensée sur la possession d'Alger, que les propriétés y seront respectées, que les colons jouiront d'une protection efficace, et qu'on y sera administré par des hommes intègres et capables, la colonisation naîtra d'elle-même. On ne demande pas au gouvernement de faire par ses agens et à ses frais les entreprises de cette colonisation ; il s'y entend fort mal : on a pu en juger par les essais qu'il a tentés jusques à ce jour, et qui tous ont mal réussi et n'ont produit que du gaspillage. Le gouvernement doit se borner à adopter le plan de défense présenté par le maréchal Clausel, plan très bien conçu, peu dispendieux, et au moyen duquel on pourra préserver des incursions des Arabes un rayon assez vaste pour offrir à la culture une superficie de terrain cinq fois plus importante que tout ce qui est en culture dans nos colonies de la Martinique, de la Guadeloupe et de Bourbon. Il doit pousser avec activité l'achèvement des routes commencées et qui sont le plus beau travail opéré jusques à ce jour dans la colonie. L'ensemble des travaux que le maréchal Clausel juge nécessaires dans son système de défense, consiste dans la construction de onze forts et de deux villages, et dans le desséchement de la plaine de la Mitidjah. Cette dépense ne s'élèverait, d'après l'évaluation du maréchal, qu'à quatre cent vingt mille francs environ ; c'est une somme bien minime pour un résultat aussi avantageux. Je la crois, il est vrai, insuffisante ; mais fallût-il la doubler, le gouvernement ne devrait pas hésiter à entreprendre ces travaux, car aucune somme ne peut être employée plus utilement. Cette ligne de forts placés tout autour de la vaste plaine de la Mitidjah, à l'entrée des principales gorges de l'Atlas, communiquant entre eux et se prêtant un mutuel appui, donnera une protection efficace à tous les colons qui entreprendront des travaux agricoles dans le rayon intérieur. Les militaires ne seront plus campés par petits détachemens dans les propriétés en culture ; celles-ci se trouveront alors garanties de leurs dévastations comme de celles des Arabes, car les unes et les autres sont presque également funestes aux propriétaires.

Après avoir adopté ces mesures de sécurité, le gouvernement doit favoriser par tous les moyens en son pouvoir les émigrations qui auront lieu pour Alger, et surtout les émigrations d'agriculteurs et d'ouvriers, classes qui manquent sur le pays. Une indemnité de route et un passage gratis devraient être accordés, sur leur demande, à tous les émigrans agriculteurs, maçons, charpentiers, forgerons, etc., français ou étrangers. On devrait surtout encourager les militaires libérés du service à se rendre en Afrique; ils pourraient y être organisés en colonie militaire, au moyen de quelques concessions de terrain et de quelques avances pour instrumens aratoires, semences, etc., avances dans lesquelles le trésor rentrerait bientôt. Ces premières émigrations encouragées et obtenues, on en verrait suivre de nombreuses de toutes les parties de l'Europe; et certes sur les deux cent mille personnes environ qui s'émigrent chaque anuée pour l'Amérique, d'après les observations statistiques, une bonne partie trouverait avantage à se diriger préférablement vers nos possessions d'Afrique.

La commission d'enquête aura sans doute à prononcer sur la possession d'un nombre considérable de propriétés qui ont été séquestrées par l'administration des domaines. Il a existé jusques à ce jour une grande controverse entre les divers gouverneurs qui se sont succédés à Alger au sujet de cette possession : les uns ont prétendu que le gouvernement français n'avait pas le droit d'en disposer, et d'autres ont soutenu le contraire. Cette dernière assertion, qui paraît la mieux fondée, sera surtout la plus avantageuse à la France et l'emportera probablement. Le gouvernement sera alors à même de faire de nombreuses concessions, dont il retirera par la suite de grands avantages. Le recensement fait de ces propriétés en porte le nombre à près de 3,400 environ, le tiers à peu près de celles de la régence : elles ont diverses origines.

On cite, 1° celles du Beylik, qui datent de la conquéte d'Alger par les Turcs asiatiques, ou des confiscations faites par les divers deys : cette classe de propriétés est encore augmentée aujourd'hui de toutes celles appartenant aux Turcs qui ont été expulsés par les armées françaises. Les terres du Beylik étaient cultivées par les tribus arabes pour compte des deys et sous la direction d'un hasnaggi (trésorier particulier); elles sont donc aujourd'hui propriétés du gouvernement français.

2° Celles de la Mecque : sous les anciens deys, les Turcs ou les Maures, qui craignaient toujours d'être dépouillés par le gouvernement, cherchant à garantir leurs propriétés, les mettaient sous la sauvegarde de la religion en les donnant à la Mecque, aux mosquées ou aux corporations religieuses. Dans ces contrats les donateurs stipulaient qu'après eux leurs descendans paieraient annuellement une redevance presque insignifiante en faveur de l'administration à laquelle la donation était faite, et qu'à l'extinction de la descendance la propriété appartiendrait à cette administration. Les extinctions de famille ont ainsi donné de nombreuses propriétés. Celles cédées à la Mecque, qui avait autrefois à Alger un percepteur particulier pour en toucher les revenus, doivent également retomber au pouvoir de la France.

3° Les biens des mosquées sont devenus propriétés du domaine, puisque le gouvernement paie les dépenses du culte turc.

4° Les biens des corporations religieuses sont dans le même cas.

5° Enfin, les fontaines et autres administrations publiques avaient des revenus particuliers affectés à leurs dépenses et entretien respectifs; maintenant que les frais sont à la charge du gouvernement, les capitaux doivent naturellement lui être dévolus.

Cet état de choses ne peut durer. Si la France veut coloniser Alger, non seulement ces nombreuses propriétés deviennent une charge onéreuse pour le trésor, mais encore elles se dégradent tous les jours et perdent considérablement de leur valeur. Il est donc essentiel qu'on prenne un parti à leur égard, qu'on en autorise la concession ou la vente; ce qui pourra devenir par la suite très profitable au trésor.

On sait d'ailleurs qu'un très grand nombre de Français sont déjà acquéreurs de propriétés; non seulement des colons, mais encore des négocians et des capitalistes de toutes les villes de France et une grande quantité d'officiers de l'armée en ont acheté beaucoup, et n'attendent pour les mettre en rapport que de pouvoir le faire avec sécurité. Ces acquisitions ont été faites régulièrement par devant un notaire français et le cadi, ce dernier stipulant pour les anciens propriétaires vendeurs, maures ou turcs : l'enregistrement a perçu son droit. Cette taxe assez forte est le prix de la sanction donnée par le gouvernement à ces transactions, et de l'obligation qu'il a contractée d'en assurer la possession et d'en garantir la jouissance : à quelles énormes indemnités ne serait-il pas incontestablement soumis dans le cas d'une évacuation? Toute la France se trouve donc engagée dans cette question, et pour des capitaux immenses; il est impossible de reculer. Pourquoi donc ne pas marcher franchement et avec célérité dans les voies d'amélioration qui donneront une grande valeur à d'immenses capitaux français, et feront rentrer un peu plus tôt le trésor dans ses avances?

Outre la ligne de défense précitée pour assurer la possession des environs d'Alger, il est indispensable de faire occuper tous les principaux ports maritimes intermédiaires, depuis Oran jusques à Bonne. On a vu avec un vif plaisir l'expédition qui se prépare, dit-on, pour Bougie, un des meilleurs ports de la côte, et d'autant plus important que dans la mauvaise saison c'est le port le mieux abrité et celui vers lequel tous les courans portent, à ce point que quand un navire échoue dans ces parages, c'est toujours près de Bougie. Cette ville d'ailleurs commande une fertile contrée bien boisée et qui produit surtout de l'huile avec abondance. On sentira plus tard, et lorsque les premiers essais de cette colonisation auront réussi, l'importance d'occuper les deux principales villes de l'intérieur aux extrêmes frontières de la régence, savoir, Constantine et Tremecen; ce qui formera le premier complément de l'occupation.

La commission d'enquête examinera sans doute avec soin la législation actuelle qui régit la colonie; elle appréciera le danger qu'il y a de conférer aux mêmes fonctionnaires le pouvoir de faire des lois ou ordonnances et celui de les faire exécuter : ce système a ouvert une large route à l'arbitraire qui dévore la colonie. La commission sentira la nécessité de rendre les juges inamovibles, de donner une certaine indépendance aux administrations civiles, et de ne conférer qu'à un conseil colonial les attributions législatives. Il faut un genre d'administration particulier au pays, des lois faites pour lui : le gouverneur, quel qu'il soit, aura sans doute une haute direction générale, mais l'ordre civil, la magistrature et l'armée doivent avoir respectivement une certaine indépendance; la police doit être mieux soignée. On ne peut se dissimuler qu'Alger est le point de direction d'un grand nombre d'intrigans, de malfaiteurs même : on y admet trop facilement des individus sans état et sans ressources; il faudrait plus de surveillance et de sévérité à cet égard.

L'organisation commerciale à établir à Alger mérite le plus grand intérêt. Cette question est restée indécise jusques à ce jour; elle a été envisagée de mille manières différentes, mais deux opinions donnent surtout matière à de nombreuses observations; l'une de ces opinions serait de faire de la régence d'Alger une colonie française, une province française même ; l'autre d'en faire une colonie européenne. Ce sont ces deux opinions que je vais examiner, et je tâcherai de faire ressortir une partie des avantages ou des inconvéniens attachés à la réalisation de ces divers projets.

La régence d'Alger est la conquête de la France, le prix du sang versé par ses enfans et des sacrifices imposés à la nation pour couvrir les frais immenses de l'expédition, de l'occupation armée et de la colonisation. C'est donc essentiellement l'intérêt de la France qu'on doit avoir en vue et auquel doivent se rattacher toutes les dispositions à prendre. Nos rivaux en colonies nous ont tous prouvé que leur système à cet égard était d'en conserver pour eux seuls les avantages ; ce serait être généreux jusques au don-quichotisme que de nous imposer des sacrifices pour leur compte, de leur accorder dans nos possessions des avantages qu'ils nous refusent dans les leurs, et de ne pas les traiter enfin comme ils nous traitent eux-mêmes. Dites aux Anglais de nous ouvrir les ports de leurs colonies d'Amérique et de l'Inde ; dans ce cas seulement, nous devons leur ouvrir les nôtres ; mais, comme ils se garderont bien d'y consentir, usons de réciprocité quand l'occasion se présente. Ce système de réciprocité n'a jamais été assez bien apprécié en France ; notre régime de douane traite toutes les nations uniformément, au lieu d'accorder faveur aux produits de celles qui en accordent aux nôtres.

Les faibles débris qui nous restent de nos anciennes colonies sont prêts à nous échapper ; il ne faut pas se dissimuler que les changemens apportés dans les possessions anglaises de l'Amérique par l'affranchissement des esclaves porteront bientôt leurs fruits. L'exemple de Saint-Domingue ne sera pas perdu ; la Martinique et la Guadeloupe ne peuvent tarder à le suivre. L'abolition de la traite n'a pas eu toute la portée que les Anglais en espéraient ; l'affranchissement des noirs sera plus efficace. Nos voisins savent toujours fort bien concilier la philantropie avec leurs intérêts nationaux. La traite fut sévèrement réprimée lorsqu'au traité de paix de 1814, il leur fallut rendre toutes les colonies de la France, de l'Espagne et de la Hollande qu'ils exploitaient exclusivement pendant la guerre. Ils crurent enlever par ce moyen aux métropoles la possibilité de les faire cultiver, et ils espéraient qu'elles n'en retireraient que peu ou point de produits. Les résultats n'ayant pas été tels, la philantropie leur a suggéré une nouvelle mesure qui leur coûtera leurs colonies d'Amérique, il est vrai, mais qui ruinera toutes les autres. Que leur importe ? N'ont-ils pas en dédommagement leurs belles possessions de l'Inde, dont les produits obtiendront un plus grand débouché ? Il devient donc urgent pour la France de s'assurer sa nouvelle colonie d'Alger, qui pourra également l'indemniser de la perte de toutes les autres.

La France a essentiellement besoin d'augmenter les débouchés des produits de son sol et de son industrie ; elle n'atteindrait pas ce but en déclarant Alger colonie européenne, et en ne se réservant pas sur ce point un privilége marqué. Les Anglais, qui ont à Livourne, Malte et Gibraltar de vastes entrepôts de leurs manufactures, se chargeraient de l'en approvisionner ; les Américains fourniraient les denrées coloniales et les épices ; les Espagnols, les vins, eaux-de-vie, huiles, plombs, etc. ; l'Italie, tous les comestibles. Tous ces pays sont aussi bien placés que nous, et il nous serait impossible de soutenir leur concurrence et de fournir aux mêmes prix, parce que nous sommes grevés d'impôts dont ils sont affranchis, et parce que la main-d'œuvre en France est beaucoup plus chère : ce sont là des faits reconnus et matériellement prouvés. Ainsi donc, si le gouvernement, par la masse d'impôts qu'il perçoit sur nous, nous prive de pouvoir lutter avec nos voisins et nous oblige à vendre nos produits plus chers, il doit saisir avec empressement l'occasion de nous en faciliter le débouché; et si partie de ces impôts pourvoit aux dépenses de la colonie, c'est donc en faveur de ceux qui paient que cette colonie doit être organisée.

Les partisans de la nouvelle école penchent singulièrement en faveur de la création d'une colonie européenne, dans l'intérêt, disent-ils, des colons qui recevraient, il est vrai, au plus bas prix une bonne partie de leurs approvisionnemens; ils voudraient faire l'essai d'un marché où tous les produits de l'Europe viendraient en concurrence se vendre au rabais. Cet état de choses serait désastreux pour la France; autant vaudrait une évacuation complète, car nous éviterions au moins les frais d'occupation. En France où toute idée lancée sous des formes généreuses trouve promptement de nombreux partisans, je crains que cette nouvelle pensée qu'on cherche à populariser ne soit encore un acte philantropique mis en avant pour nous faire perdre le fruit de notre conquête, et pour faire adopter une mesure qui équivaudrait à quelque chose de pire qu'un abandon. Il serait plaisant en effet de nous voir faire le coup de fusil journellement et payer des sommes majeures à Alger, pour le plus grand profit de nos chers alliés. N'oublions jamais la manière dont nous sommes traités dans les colonies anglaises, hollandaises, espagnoles et autres, quand, par faveur spéciale, on veut bien y admettre notre pavillon. Encore une fois, usons de réciprocité; notre industrie et notre agriculture le réclament impérieusement.

Au surplus, si c'est dans l'intérêt des colons qu'on soutient ce système, puisque nous jouissons chez eux d'un privilége, accordons-leur sur leurs produits un avantage quelconque à leur entrée en France; ils ne pourront se plaindre, car nous leur aurons rendu le privilége que nous aurons exigé d'eux.

Une autre considération puissante, qui vient à l'appui de mon opinion, est le besoin indispensable que notre marine éprouve de jouir d'une protection spéciale et efficace. Depuis long-temps cette importante branche d'industrie a tiré le canon de détresse; elle est perdue si le gouvernement ne lui tend une main secourable et ne fait pas pour elle quelques sacrifices, comme il en a fait pour soutenir tant d'autres industries moins importantes et surtout moins précieuses pour l'état. Il ne doit pas oublier que la marine marchande est la pépinière des marins de la nation; le commerce instruit, forme et entretient à ses frais tout ce qui constitue les élémens de notre armée navale. Aucune puissance ne jouit d'un pareil avantage, et cependant notre gouvernement ne fait rien pour une institution si précieuse pour lui; il est tellement mesquin à son égard, qu'il ne lui donne pas même sa pratique lorsqu'il a des transports maritimes à faire. Nous le voyons constamment employer des navires étrangers, parce qu'il peut les affréter à plus bas prix que les français. Ignore-t-il donc pourquoi nos bâtimens ne peuvent naviguer aux mêmes frets que les étrangers? Ne sait-il pas que nos navires nous reviennent trois fois plus cher, graces aux droits de douane et autres qui frappent les bois de construction, les chanvres pour cordages, les fers, les comestibles pour provisions; graces aux retenues pour les invalides faites à nos marins, et aux nombreuses réquisitions qu'on fait sur cette classe pour le service de l'état, ce qui les rend plus rares et par conséquent plus chers; graces aux surcroîts d'intérêts et de primes d'assurances qu'une plus forte mise dehors fait supporter à l'armateur; et enfin parce que chez nos voisins, à Naples par exemple, on obtient une prime à la construction de tout navire? Comment pouvoir soutenir une pareille concurrence? Aussi notre marine est-elle tout-à-fait écrasée. Notre pavillon doit donc jouir d'une faveur sur notre colonie d'Alger, et il est indispensable qu'un droit de tonnage de 4 à 5 francs au moins par tonneau soit imposé sur les navires étrangers qui aborderont dans les ports de la régence.

J'ai appris qu'une commission nommée par le gouvernement à Alger, composée de plusieurs chefs d'administration et de plusieurs négocians, avait été chargée de faire un travail au sujet de l'organisation à donner aux douanes de la régence et à ses rapports commerciaux. Ce travail doit être achevé; je n'en connais pas les détails, mais je sais que les bases sont conformes à l'opinion que je soutiens à ce sujet. On y accorde à tous nos produits une faveur plus importante que celle dont ils ont joui jusqu'à ce jour; on frappe d'un droit de tonnage les navires étrangers, enfin on considère Alger comme colonie française. Ce travail, fait avec soin sur les lieux par des hommes capables et que leur position a mis à même de tout apprécier, mérite considération auprès de la commission d'enquête, qui, je l'espère, en rendra un compte favorable au gouvernement.

On n'apprécie pas assez l'importance que cette colonie doit avoir un jour, et qu'elle a même déjà quoique nous n'exploitions qu'une bien faible partie du commerce de la régence. D'après un extrait détaillé des registres des douanes d'Alger pendant le premier semestre de 1833, les droits de douane actuels, qui sont en général de 4 % sur la valeur des marchandises françaises et de 8 % sur les étrangères, devront rendre approximativement cette année 1,100,000 fr. La valeur des importations sera d'à peu près 23 millions apportés par environ 950 navires de toutes nations, sans compter les 600 caboteurs qui naviguent d'un port à l'autre; dans ces évaluations ne figurent pas les approvisionnemens de l'armée, qui ne sont assujettis à aucun droit de douane. Cet aperçu offre déjà une certaine importance et en fait espérer une considérable; car cette colonie naissante ne possède qu'une faible portion du littoral. La culture n'a pas encore été sérieusement entreprise, il n'y a que très peu ou point de rapports et de liaisons commerciales avec les nombreuses populations de l'intérieur, nos manufactures n'ont pas encore approprié leurs produits aux usages du pays ; et lorsque toutes ces entraves auront disparu, j'estime que les résultats devront être mille fois plus importans.

La fertilité du sol de cette contrée est un fait reconnu ; la majeure partie des plantes intertropicales est susceptible d'y être cultivée avec succès, et particulièrement la canne à sucre et l'indigo dont on trouve beaucoup de plants sauvages. Mais deux cultures dont la réussite n'est pas douteuse et qui sont d'un grand intérêt pour la France, sont le coton et l'olivier ; on doit vivement encourager ces deux espèces de plantations : elles sont peu dispendieuses, faciles, et d'un succès certain. Ce n'est pas des articles dont la France abonde, du vin, par exemple, qu'il est utile d'encourager la production, mais bien de ceux dont nous manquons et pour lesquels nous sommes tributaires de l'étranger. Les cotons et les huiles communes manquent totalement, et non seulement nous tirons de l'étranger tout ce que nous consommons de ces deux articles, mais encore leur importation en France ne donne lieu à aucun échange d'exportation de nos produits ; ce commerce ne se fait que contre espèces, et tout Marseille sait quelles sommes majeures sortent journellement en numéraire pour aller acheter ces deux denrées aux lieux de production. Je suis loin de penser qu'on doive, pour cela, mettre des entraves à la liberté de la culture ; mais il serait naturel d'encourager par des facilités, des concessions, des primes même, les plantations qui doivent devenir les plus avantageuses à la métropole et aux colons.

La pensée de faire d'Alger des départemens français est sans doute grande et généreuse, mais je la crois impraticable pour le moment; car comment établir dans ce pays l'assiette des impôts qui grèvent la France? La chose me paraît impossible; et pourtant si nous recevons en franchise totale ses immenses produits, ils écraseront notre agriculture; beaucoup d'autres inconvéniens se présenteraient encore et seraient trop longs à détailler. Cette mesure ne pourra devenir praticable qu'à la suite d'une longue occupation, et lorsque ce pays aura reçu sous un régime colonial une partie des nombreuses améliorations dont il est susceptible.

Le comité qui a été élu et choisi par les colons à Alger pour la défense des intérêts de la colonie, m'a fourni une partie de ces observations et a désiré leur donner de la publicité; mais c'est bien moins l'intérêt particulier des colons que celui de la France dont on prend ici la défense; c'est surtout la prospérité future de notre patrie que nous avons en vue : car, pour les colons, quoi qu'il arrive, ils savent fort bien qu'Alger ne peut plus retomber au pouvoir des Arabes; et si jamais toute autre puissance européenne s'en emparait, elle ferait plus et mieux que le gouvernement français n'a fait jusqu'à ce jour pour la colonisation.

Je résume mes observations et j'estime que, dans l'intérêt de la France, la commission d'enquête doit insister essentiellement sur les points suivans :

1° Déclaration précise du gouvernement et actes de sa part qui ne laissent aucune arrière-pensée sur la possession d'Alger et le reconnaissent colonie française.

2° Un système de défense militaire qui donne aux colons pleine sécurité.

3° L'occupation des ports et des villes de l'intérieur d'une certaine importance.

4° Une administration juste et protectrice de tous les intérêts des colons.

5° Une épuration des employés et surtout le changement

de l'intendant civil, qui ne jouit plus de la considération nécessaire pour administrer convenablement.

6° La confection des routes et l'assainissement de la plaine de la Mitidjah.

7° Facilités, secours et transports pour encourager les émigrations de la classe laborieuse.

8° Décision précise sur la possession des propriétés du Beylik, de la Mecque et Médine, et, dans le cas où les droits du domaine seraient reconnus fondés, concession ou vente de ces terres.

9° Législation adaptée aux besoins et à la position du pays; indépendance entre le pouvoir civil, la magistrature et l'armée.

10° Tolérance et respect des cultes et des mœurs à l'égard des diverses populations.

11° Organisation d'un système commercial adapté à cette nouvelle colonie, de manière à favoriser nos produits industriels et agricoles, notre marine, ainsi que les produits de nos colons.

12° Encouragemens à la culture des produits qui conviennent plus particulièrement à la France.

Je désire que mes observations soient conformes aux vues de MM. les membres de la chambre de commerce de Marseille, et qu'elles trouvent place dans le mémoire qu'ils se proposent d'adresser à la commission d'enquête, et dans lequel sans doute leurs lumières ajouteront de nouvelles pensées favorables à cette intéressante colonie. J'ai tracé ces lignes à la hâte et confusément, vu le peu de temps qui m'avait été accordé pour les transmettre; mais elles sont l'expression des vœux de tous les colons et je pourrais ajouter, de toute la France.

J'ai l'honneur d'être, etc. DERVIEU,

Négociant, conseiller municipal et propriétaire à Alger.